Antoinette Becker

Und was wird aus uns?

Eine Familie geht auseinander

Mit Bildern von Marlis Scharff-Kniemeyer

Otto Maier Ravensburg

Ich ziehe heute aus

„Was hat Papa eben gesagt?“ Gerty hat die Worte genau gehört, verstanden hat sie sie nicht.
Sie sitzt mit den Eltern und den Kleinen beim Frühstück, es ist schulfreier Samstag, und alle scheinen Zeit zum Vertrödeln zu haben.
Da hat Papa plötzlich aufgeschaut: „Ich muß euch etwas sagen.“
„Au ja“, sagt Nina und freut sich.
Arno schaut besorgt auf, aber das tut er oft.
„Sag's doch“, sagt Gerty leise.
„Ich ziehe heute aus.“
„Wieso?“
„Ich ziehe aus dieser Wohnung aus in eine andere.“
„Du alleine?“ will Gerty wissen.
„Ja, ich alleine.“
Nina ist von ihrem Stuhl heruntergerutscht. Sie setzt sich unter den Tisch. Das tut sie immer, wenn sie nicht versteht, wovon gesprochen wird, aber auch wenn sie sich ängstigt.
Arno sieht erschrocken aus. Mit einer kleinen Stimme sagt er schließlich: „Bist du denn nicht da, wenn ich Geburtstag habe? In zwei Tagen werde ich doch acht.“
Gerty macht ganz kleine, schmale Augen und faucht Mama an: „Und warum hast du nichts vorher gesagt? Du hast es doch gewußt!“
Mama schweigt und sieht Papa an. Gerty möchte schreien oder die Tischdecke herunterreißen, damit die aufhören, diesen Unsinn zu reden.
„Wir mußten uns klar werden, vorher wollten wir nichts sagen.“
„Was sagen?“ fragt Gerty patzig.
Mama und Papa schweigen.
„Aber“, fängt Gerty mit schwacher Stimme wieder an, „aber ihr dürft euch nicht scheiden lassen.“
Sie weiß gar nicht, wie sie auf dieses Wort kommt. „Nein, das dürft ihr nicht. Gott will es nicht. Im Religionsunterricht…“
„Sag's ruhig!“ schreit Papa aufgebracht, „nur wenn der eine stirbt, darf der andere wieder heiraten. Ja, das kennen wir.“

„Gerty, wir trennen uns, weil wir nicht weiterkommen", flüstert Mama.

„Warum sagst du denn dauernd ‚wir'. Immer ‚wir'! Willst du denn, daß Papa fortgeht?"

Mama antwortet nicht.

„Sag doch was, Mama, bitte, erlaubst du denn, daß Papa fortgeht?"

„Ich habe nichts zu erlauben", antwortet Mama.

Gerty ist verzweifelt. „Mama, willst du es denn auch?"

„Ich will es jetzt auch!"

„Und was ist mit uns? Habt ihr uns gefragt? Wir sind doch auch noch da..."

„Gerty", fängt Mama an, „es gibt einfach Dinge, die man einem Kind nicht erklären kann."

„Doch", sagt Papa, „hör zu, wir haben uns sehr viel und sehr oft gestritten."

„Über was denn?" will Gerty wissen.

„Über viele Dinge, wichtige und unwichtige. Aber nach dem Streit mögen wir uns nicht mehr. Ich nehme Mama nicht mehr gern in den Arm."

„Und mich?" fragt Gerty leise.

„Dich? Dich hab ich doch lieb! Du bist doch meine Älteste."

„Aber einmal liebst du mich auch nicht mehr. Bekommt ihr jetzt keine Kinder mehr zusammen?" flüstert Gerty.

„Nein, keine", antwortet Papa trocken. Diese Fragen sind den Eltern unangenehm.

Da entschließt sich Arno, etwas zu sagen: „Magst du denn Mama nicht mehr?“ fragt er leise. Er bereut diesen Satz, denn Papa ist ärgerlich aufgestanden. Er ist rot im Gesicht.
„Mit dir brauche ich das nicht zu besprechen“, erklärt er.
„Doch“, sagt Mama, „wir müssen den Kindern etwas sagen.“
„Aber Eltern lieben sich doch immer!“ stammelt Arno.
„Ein Mann und eine Frau lieben sich“, beginnt Mama wieder. Sie ist ganz blaß. „Sie lieben sich sehr! Und dann … und dann …“
„Dann?“ – „Dann sind sie plötzlich dauernd anderer Ansicht, zanken sich immer mehr.“
„Und dann lieben sie sich nicht mehr“, entscheidet Gerty. Sie hofft, daß Papa oder Mama etwas dagegen sagen werden und der ganze Spuk vorbei ist. Aber Papa hat einen kalten Ausdruck im Gesicht: „Ich mag diese Unterhaltung ganz und gar nicht!“
„Schläfst du denn jetzt nicht mehr hier?“ fragt Arno erschrocken.
„Ich hab doch gesagt, daß ich ausziehe, und damit hat es sich.“ Dann scheinen ihm die harten Worte leid zu tun, und er sagt zu den Kindern: „Ich sehe euch jedes Wochenende. Dann spielen wir und gehen zusammen irgendwohin.“
„Wohin?“ fragt Gerty streng. „Wohin?“ wiederholt Arno.
„In den Zoo, an den See, in den Zirkus.“
„So viele Zirkusse gibt es gar nicht“, meint Gerty abweisend.
„Da weint einer unter dem Tisch“, flüstert Arno.

Mama bückt sich: „Mein Schatz, komm zu mir!“ Nina rührt sich nicht.
Arno ruft: „Nina, komm, Nina!“ Er liebt diese kleine Schwester sehr. Sie ist seine beste Freundin.
Nina kriecht unterm Tisch hervor und stürzt zu Papa, der sie auf den Arm nimmt. Sie legt ihre Ärmchen um seinen Hals und hält ihn ganz fest. Mit einer Hand streichelt sie Papas Haare hinten am Hals. Sie sagt nichts, aber sie hat verstanden, daß Papa fortgehen will.
Papa macht sich los und setzt Nina auf den Boden. Er lacht ein so merkwürdig lautes Lachen. Gerty haßt dieses Lachen. Sie haßt auch Mamas graues Gesicht. Warum sagt sie denn nichts? Warum läßt sie alles so geschehen? denkt Gerty.
„Wißt ihr“, sagt Papa wieder, „mal seid ihr bei Mama – mal bei mir!“
„Wo denn?“ fragen Gerty und Arno.
„In der Breitenstraße 56 habe ich jetzt eine Wohnung. Dorthin ziehe ich heute. Und jetzt will ich packen.“
„Nimmst du denn Sachen von hier weg?“ fragt Arno ungläubig.
„Nur meine Anziehsachen und Bücher.“
Gerty ist nicht mehr böse, nicht mehr laut. Sie weiß nicht, ob es ihr schlecht wird oder ob sie hungrig ist.
Sie möchte sagen: Tu’s nicht, bleib hier, Papa. Mama hat dich lieb. Es ist doch nicht schlimm, wenn man sich mal

streitet. Aber sie kann nicht sprechen, ihre Augen sind voller Tränen. Nur nicht weinen, denkt sie.
Plötzlich fällt ihr etwas ein, das sie vergessen hatte und an das sie nicht mehr denken wollte. Sie war einmal in der Nacht aufgewacht, weil es laut herging. Ein Stuhl war irgendwo umgefallen. Sie hörte eilige Schritte, wie wenn zwei Fang-mich spielen. Dann war da Mamas Stimme: „Laß mich los, laß mich sofort los!"
„Gib das her, das geht dich einen Dreck an!" Papas Stimme war tief und drohend. „Ich laß dich los, wenn ...", aber Gerty hatte den Schluß des Satzes nicht gehört. Sie hatte den Kopf unter ihre Bettdecke gesteckt und immer wieder gesagt: „Aufhören, aufhören!"
Dann horchte sie wieder. Jemand weinte, es war Mama. Wasser lief im Badezimmer. Dann wurde es totenstill. Ob sie tot sind? hatte sie sich gefragt und war voller Angst.
Am nächsten Morgen war alles wie immer – oder doch nicht? Papa und Mama redeten miteinander. Die Sätze aber waren wie Befehle. Gerty hatte gedacht: Sie haben kalte Augen.
Jetzt schaut Gerty wieder auf, denn Arno sagt zu Papa: „Hast du ein Bett in deiner neuen Wohnung?"
Papa ist wieder freundlich: „Natürlich, ein ganz neues. Ich lasse alles hier für euch und Mama. Ich nehme nur meine Bücher und meine ‚Spielsachen' mit."

Papas Spielsachen! Der chinesische Vogel, die Spieldose vom Großvater, die Pendeluhr, den Tabakstopf!
„Dann bleibt ja gar nichts Schönes mehr hier!" murmelt Arno unglücklich. Wenn Papa doch wenigstens etwas dalassen würde, käme er vielleicht wieder, denkt er. Aber auch das ist falsch: Papa läßt fast alles da, nur eben nicht seine Spielsachen und seine Bücher.
Papa holt unter der Treppe den großen Koffer hervor, stellt ihn auf zwei Stühle und fängt an zu packen.
„Gehst du denn auf Reisen?" fragt Nina.
„Nein, aber ich muß doch meine Sachen bei mir haben."
„Papa", stammelt Nina, „wenn ich immer sehr, sehr lieb bin und keine Wutanfälle mehr habe, könntest du dann nicht noch etwas bleiben?"
Papa nimmt sie auf den Arm und sagt: „Nein, Nina."
Arno geht ins Kinderzimmer. Er tut nichts. Spielen darf man doch nicht, wenn alles so schlimm ist.
Gerty ist plötzlich ganz verändert. Sie geht auf und ab, räumt auf. Sie schmeißt die Tür zum Kühlschrank zu, redet laut, so daß Mama sie bittet, leiser zu sein.
„Warum eigentlich?" fragt Gerty frech. Mama schweigt.
„Könnte Gerty mir nachher helfen, in der anderen Wohnung einzuräumen?"

Gerty horcht auf. „Natürlich“, sagt Mama mit unnatürlicher Stimme, „sie ist ja deine Tochter.“
„Na, deine bin ich wohl auch noch“, denkt Gerty, sagt aber nichts. Die Eltern sind auch stumm. Krach ist noch besser als dieses ‚Nicht-Reden‘, denkt sie.
Papa packt ziemlich lange und trägt den Koffer, die Kartons und einen Waschkorb ins Auto.
„Ich fahr ein paar Mal hin und her“, sagt er.
„Wenn du kannst, mach schnell“, flüstert Mama, „meine Kräfte gehen auch mal zu Ende. Du denkst immer nur an dich!“
„Aber wie soll ich's denn machen?“ sagt Papa gekränkt.
„Willst du vielleicht, daß ich dir noch helfe?“ schreit Mama.
Papa trägt seine Siebensachen hinunter. Nina folgt ihm, dann wirft sie einen Blick auf Mama und streichelt sie.

Dann ist Papa fort.
Seine Spielsachen sind weg. In den Bücherregalen sind die Löcher der fehlenden Bücher. Es sieht unordentlich aus.
Die Blumenvase auf dem Tischchen am Fenster ist umgefallen.

Papa ist wirklich ausgezogen

Mama gibt sich einen Ruck: „Wir wollen aufräumen." Sie hebt die Blumen auf, gibt ihnen frisches Wasser und stellt die Vase in die Küche. Dann rückt sie die Bücher zurecht, lüftet das Zimmer und räumt auf. Sie geht ins Schlafzimmer, zieht das Bett ab und steckt die Wäsche in die Waschmaschine.

Papa kommt noch zweimal zurück, einmal ohne Gerty, die in der Wohnung geblieben ist und die Küchenfenster putzt.

Mama stellt das Schlafzimmer um.

„Dann können wir kein Bettfest mehr feiern!" sagt Arno traurig.

„Doch, doch, schau, wie gemütlich das Bett an der Wand aussieht! Und du kannst manchmal hier bei mir spielen. Mein Schreibtisch kommt vors Fenster. Aus dem anderen Bett machen wir eine Couch im kleinen Zimmer; wenn dein Freund Anselm hier übernachtet, kann er da schlafen. Komm, hilf mir! Hier hast du Geld, geh bitte mal zu Lange. Siehst du die Auslagen dort? Da stehen so schöne rosa Geranien. Kauf uns eine, und bei Reinecke holst du uns ein großes Eis."

Arno ist ganz verblüfft. Er rennt die Treppe hinunter. Papa hat Gerty zurückgebracht. Sie ist sehr still und hat Papa nur „Tschüs" gesagt, als er gehen wollte. Papa umarmt Arno und Nina. Bei Mama hat er mit der Hand gewinkt und „Hallo" gesagt.

„Wir haben Eis", fängt Arno an, aber Papa sagt:

„Auf Wiedersehen! Ich rufe an." Er schaut Mama an:

„Du hast ja meine Nummer, wenn du etwas brauchst."

Und dann ist er weg.

Papa ist wirklich ausgezogen. Mama und die Kinder haben das Eis als Nachtisch gegessen.

Abends im Bett weint Arno. Er hat Halsweh und bekommt Salbeibonbons und ein Seidentuch um den Hals. Mama nimmt ihn auf den Schoß und wiegt ihn, bis er einschläft.

„Ich will was trinken", murmelt er, aber er schläft wieder ein.

„Ich gehe später schlafen", erklärt Gerty und knallt sich vor den Fernseher.

„Bitte, leiser! Was siehst du denn da?" fragt Mama.

„Ein Rock-Konzert. Das muß laut sein! Leiser Rock ist blöd."

„Ich will es aber“, sagt Mama sehr streng, sehr unversöhnlich. Gerty schweigt und wird unsicher. Sie holt einen Kamm und kämmt unablässig ihr Haar.
Nina liegt im Bett und singt leise. Dann betet sie. Sie will alles wieder gutmachen. Sie allein kann „das“ in Ordnung bringen.
Gerty stellt den Fernseher ab, setzt sich an den Tisch und liest, aber eigentlich beobachtet sie Mama.
Mama sitzt ihr gegenüber und rechnet. Immer wieder fängt sie von neuem an. Sie sieht angestrengt aus.
„Was rechnest du denn?“ fragt Gerty.
„Ich rechne aus, was wir einsparen können.“
„Einsparen?“
„Ja, wir müssen sparen. Ich werde auch wieder arbeiten gehen. Wir haben nicht viel Geld.“
Gerty ist sprachlos. Plötzlich steht sie auf und küßt Mama, einmal, zweimal. Mama ist den Tränen nahe. Sie streichelt Gerty. „Es wird schon gehen!“, aber ihre Stimme ist unsicher.

Ohne Papa macht's mir keinen Spaß.

Am nächsten Morgen ist Sonntag. Die beiden Kleinen wollen zu Mama ins Bett, aber Mama ist schon aufgestanden. Arno hat Schnupfen: „Mama", stottert er, „ich hab irgendwas geträumt, und das Bett ist naß geworden."
„Das macht nichts, du warst ja auch krank gestern abend", sagt Mama, „komm ins Bad! Gerty, hier hast du frische Wäsche für Arnos Bett."
Da platzt Gerty: „Das ist alles eure Schuld", schluchzt sie.
Mama steht ratlos da, dann faßt sie sich: „Wir wollen versuchen, einen guten Sonntag zu verbringen. Nachher gehen wir zur kleinen Höhe am See und machen ein Picknick. Dort dürfen wir ein Feuer anzünden!"
„Ohne Auto?"
Es wird ein sehr schöner Ausflug. Sie machen ein kleines Feuer und legen Kartoffeln in Alufolie in die Glut, und dann essen sie sie mit Salz. „Das sind die besten Kartoffeln

der Welt“, sagt Arno. Er und Nina haben ein Häuschen aus Moos gebaut: „Vielleicht finden wir es wieder, wenn wir das nächste Mal kommen!“
„Ach was“, murmelt Gerty, „das geht doch auch kaputt.“
Bevor sie fortgehen, untersucht Mama die Feuerstelle gründlich und löscht alles. Dann legen die Kinder Steine drauf: „Das kannst du“, sagt Arno bewundernd. „Das hab ich bei den Pfadfindern gelernt“, sagt Mama und sammelt das Papier auf. Die Kinder sind sehr zufrieden.
Abends will Arno „Canasta“ spielen. „Nein!“ sagt Gerty, „Nina spielt zu schlecht und zu dritt finde ich das blöd.“ Sie denkt eigentlich: ohne Papa macht's mir keinen Spaß!
Am Abend ruft Papa an. Nina ist dran. Sie sagt immer wieder: „Papa, wie geht es dir? Wie geht es dir, Papa?“
Gerty will ihn nicht sprechen. Aber Arno erzählt ihm vom Picknick und dem Feuer. Dann spricht Papa noch mit Mama. Sie sagt immer nur: „Ja. Wieviel Formulare? Ja, ich verstehe, ja! Adieu.“

Ich und Papa haben euch lieb

Arno hat Nina erzählt, Papa sei ein bißchen verreist. Er wisse das, sie dürfe es niemandem erzählen: „Schwör's."
„Ehrenwort!" sagt Nina. Sie weiß, dann ist es sehr ernst.
„Nach der Reise kommt er wieder."
Aber Papa kommt nicht wieder, obwohl Arno und Nina jedesmal voller Aufregung aufspringen, wenn es klingelt.
Nina hat Arno erklärt, warum Papa fortgegangen ist: „Es ist ein großes Geheimnis. Weißt du, Mama ist ärgerlich, weil ich so langsam esse und weil ich Wutanfälle habe. Das hat Mama nicht mehr ausgehalten, und dann hat sie sich mit Papa gestritten."
„Aber du hast doch fast nie Wutanfälle und du ißt doch viel schneller als früher."
„Nein, ich bin bös!" Nina schüttelt den Kopf. „Und der liebe Gott straft mich."
„Glaubst du?" sagt Arno unsicher. „Dann straft er mich auch, weil ich so trödele und den Ansgar in der Schule haue."
„Boxt der dich auch?" will Nina wissen. „Nein!" – „Wenn wir nicht lieb sind, kommt Papa nie wieder!" seufzt Nina.
Ein paar Tage später ruft Ninas Lehrerin Mama an. Sie macht sich Sorgen um Nina, sie sei so still. Sie sitzt da und tut nichts. Sie seufzt viel. „Dann muß ich sie trösten und herumtragen. Sie hat auch manchmal Krach mit anderen, aber das ist mir lieber als das Schweigen."
Am Nachmittag spielt Mama mit Nina. Plötzlich sagt Nina:
„Ich esse mein Müsli doch jetzt ganz schnell?" – „Aber ja!" –
„Und ich bin doch viel lieber?" – „Du bist sehr lieb, Nina!" –

„Nein, nicht immer! Die Corinna hat mir mein Bärchen genommen." Corinna ist Ninas Freundin. „Ich hab mich auf den Boden gelegt und sie hat gelacht, weil ich am Daumen gelutscht habe."

„Und dann?" fragt Mama.

„Sie hat gesagt: ‚Sandsack, Sandsack' und hat mich mit ihrem Fuß getreten. ‚Steh auf, Sandsack!' Dann hab ich alles kaputt gemacht, das Schloß von Sven ... Corinna ist hingefallen und hat geblutet. Jetzt kommt Papa nie wieder, weil ich so böse war."

Nina weint verzweifelt. Mama tröstet Nina. Sie sagt nicht, daß Papa wiederkommt, aber sie wiederholt mehrere Male:

„Nina, hör zu: Papa hat dich lieb, sehr lieb. Ich und Papa haben dich, den Arno und die Gerty lieb. Das mußt du glauben!"

Mama hat eine Arbeit gefunden

Mama hat eine Arbeit gefunden. Sie wird jeden Tag von halb neun bis zwei Uhr in ein Büro gehen. „Ich muß jetzt jeden Tag früh aus dem Haus", erklärt sie den Kindern beim Abendessen.

„Ja, und wer bringt Nina zur Schule?" fragt Gerty.

„Du, Gerty!" Arno geht später los. Er muß nur um die Ecke.

„Arno, du mußt lernen, richtig abzuschließen. Ich muß mich darauf verlassen. Ihr beiden Großen bekommt einen Schlüssel. Mittags wartet Nina, bis du sie abholst, Gerty. Ich komme gegen halb drei zurück. Arno geht in den Hort, weil seine Schule früher aus ist."

„Ich will nicht in den Hort, da sind die großen Jungens, die schlagen mich! Ich will zu Hause essen mit Nina und Gerty!"

„Wenn deine Schule aus ist, ist noch niemand da, deshalb bleibt es dabei, daß du in den Hort gehst. Jeder von uns hat jetzt einen Stundenplan."

„Ich hasse diesen Plan!" seufzt Gerty. „Immer muß man etwas, immer sich beeilen, zu Hause sein, einkaufen, decken, helfen!"

„Aber das hast du doch sonst auch getan?"

„Nein", bricht es aus Gerty hervor, „wenn wir weggegangen sind, warst du da, und wenn wir nach Hause kamen, warst du auch da! Alles war ganz anders."

„Aber Gerty, viele Familien müssen so leben, wenn Vater und Mutter arbeiten", sagt Mama. „Ich muß arbeiten, aber die Arbeit macht mir auch Spaß."

„Ach, mir gefällt nichts mehr. Immer habe ich Angst, etwas zu vergessen." Gerty denkt an gestern. Es war wieder keine Milch da. „Haben wir ausgetrunken", sagen Nina und Arno. Ein Kasten Mineralwasser fehlte auch.

„Der fehlt nicht", sagte Mama, „wir können doch Leitungswasser trinken." Gerty blieb die Spucke weg.

Alle drei haben neue Pflichten, und wenn einer etwas vergißt, leiden alle darunter. Dann schimpft einer mit dem anderen. Gerty nennt das ‚dicke Luft'.

Ich zeig es dir, Arno

An einem Nachmittag sitzen Gerty und Arno am Tisch und machen Schulaufgaben.
„Arno, kratz doch nicht so", sagt Gerty.
„Das ist die Feder." Das Kratzen hört auf, Arno löscht Zahlen mit dem Tintentod, dann schreibt er neue Zahlen. Er legt den Kopf auf den Arm und träumt. Über dem Heft liegt das aufgeschlagene Rechenbuch.
„Was mußt du denn machen?" fragt Gerty.
„Nummer 5. Ich weiß gar nicht, was ich da machen soll."
„Ich zeig Dir's", tröstet Gerty.
Aber Arno versteht überhaupt nichts.

„Du bist doch nicht blöd! Komm, ich erklär's dir noch mal", sagt Gerty. Ein paar Mal ist sie drauf und dran, ihm das Buch an den Kopf zu werfen, aber sie spürt plötzlich, wenn er diese albernen Rechenaufgaben verstehen könnte, wäre ihm leichter ums Herz. Gerty kann das nicht erklären, aber sie fühlt, es hat mit der Trennung der Eltern zu tun. Arno schreibt die Aufgabe noch einmal. Gerty schaut wieder auf das Heft. „Du hast es ja verstanden, Arno! Mensch, das sind drei Richtige: a, b und c!" Arno lächelt, sein kleines ihm sehr eigenes Lächeln. Er steht auf, setzt sich auf Gertys Schoß, legt die Arme um ihren Hals und drückt seinen Kopf an sie. So bleibt er still sitzen. Manchmal drücken seine Arme sie fester, als ob er sie hindern wollte aufzustehen. Gerty streicht über seinen Kopf und sagt nichts. Dann setzt er sich wieder hin, schreibt, verrechnet sich, fängt noch mal an und beendet die Aufgabe.

Gerty ist schon längst bei ihren Schulaufgaben, aber mit ihren Gedanken ist sie noch bei Arno. Früher war sie oft eifersüchtig auf ihn. Jetzt hat sie ihn einfach sehr lieb. Mit Nina ist alles anders. Sie ist so schrecklich brav geworden, so leise, so verdruckst! Ja, sie ist verdruckst, und sie weint wegen jedem Dreck. Wenn sie schläft, sieht sie aus wie ein Baby.

Neuerdings lutscht sie wieder. Das treib ich ihr aber aus, denkt Gerty.

In diesem Augenblick geht ihm Hof ein Riesengeheul los. Nina kommt die Treppe herauf und schreit aus Leibeskräften: „Der hat mich auf den Kopf gehauen mit der Schaufel", schluchzt sie. Auf dem Kopf ist wirklich eine kleine Wunde. Gerty nimmt Nina in die Arme, bis sie ausgeweint hat. „Komm, ich wasch dir das aus mit Wasser und Arnika, wie Mama!" Nina folgt Gerty voller Vertrauen und läßt sich wortlos behandeln.

„Warum bist du nicht mehr bei Anja?"

„Ich wollte nach Hause."

„Na, dann bleib bei uns", entscheidet Gerty, „spiel auf dem Balkon. Geh jetzt nicht mehr runter."

Es klingelt. Draußen steht Klaus: „Ich bringe der Nina meinen Lutscher!" Gerty fragt: „Hast du sie denn gehauen?" – „Hm, aber wenn sie den Lutscher hat…"

„Gut, ich gebe ihn Nina. Danke, Klaus!“ Nina ist sehr zufrieden. Sie schaut Gerty an und sagt: „Ich mal dir was, für dich ganz allein!“ Sie malt ein großes Bett mit einem Mann und einer Frau. Daneben steht ein Kind. Überall sind Blumen: auf dem Teppich, in einer Vase, an der Wand. Gerty ist sehr betroffen. „Findest du’s nicht schön?“ fragt Nina. „Doch, sehr! Danke! Es ist sehr schön.“ Sie kommt sich wie eine Mama vor. War das ein Tag! denkt Gerty.
Als Mama kommt, sagt sie enttäuscht: „Du hast ja nicht einmal die Spülmaschine ausgeräumt.“ Sonst wäre Gerty aufgebraust, aber so sagt sie ruhig: „Ich hab mich um die Kinder gekümmert, das war wichtiger.“
Abends als Mama ihr gute Nacht sagt, meint sie: „Du hast recht Gerty, Arno und Nina sind wichtiger. Ich danke dir.“

Das Wochenende mit Papa

Am Samstag holt Papa die Kinder ab. Er erscheint mit einer neuen Mütze. „Blöde Mütze!“ flüstert Gerty.
„Wie geht's euch? Ihr seid so groß geworden!“
So was Albernes, er hat uns zehn Tage nicht gesehen, und schon sind wir groß geworden, denkt Gerty.
Man sieht, wie er sich freut. Mama ist sehr kurz angebunden. Sie verschwindet schnell.
Papa fragt. „Was wollen wir machen? Essen gehen: Pommes mit Ketchup, Eis und nachher Zirkus?“
Es schmeckt gut. Papa hat einmal gefragt: „Kommt Mama zurecht? Braucht ihr Hilfe?“ Die Kinder wissen nicht, was sie antworten sollen. „Kommst du wieder?“ fragt Arno.
„Nein“, ist Papas Antwort. Nina denkt, ich sage nichts. Der kommt schon wieder. Aber sie schweigt.
Im Zirkus ist es lustig, obwohl Gerty findet, daß es was für kleine Kinder ist. Doch sie will Papa nicht kränken.
Nach dem Zirkus sagt Nina zu Papa: „Zeig uns doch deine Wohnung.“ Als sie die Wohnung betreten, ruft Arno: „Da sind ja die Spielsachen! Der Tabakstopf, wie schön! Lebst du hier ganz allein?“ Papa antwortet nicht auf diese Frage.
„Willst du mich mal besuchen und bei mir übernachten, Arno?“
„Au ja!“ Arno denkt: Und Mama?
Bei der Rückkehr fragt Mama gar nicht, wie es war. Sie hat jetzt immer so wenig Zeit. Aber fragen könnte sie!
Die Kinder erzählen, sie beschreiben die Wohnung. Da sagt Gerty zu Mama: „Warum weinst du?“
„Ich weine nicht“, aber die Tränen fließen weiter.
„Immer mußt du alles verderben“, meint Gerty, „wir hatten es schön, und jetzt heulst du.“ Dabei findet sie sich ganz gemein, als sie das sagt. Spät abends, als die Kinder schon schlafen, findet Mama einen Zettel auf ihrem Kopfkissen:

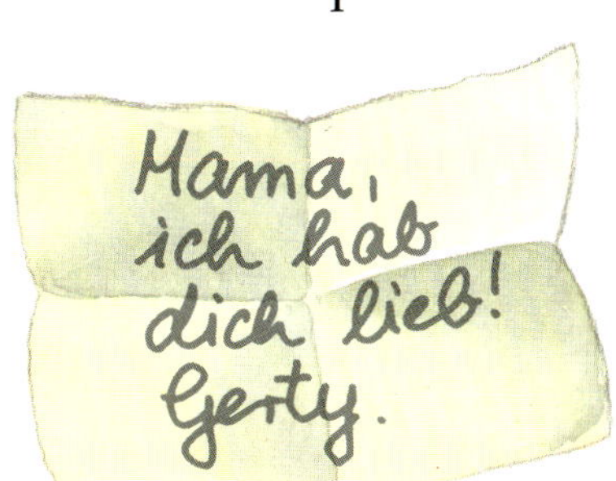

Papa, du sollst bleiben!

Als Arno nach Hause kommt, sagt er zu Nina: „Mir ist schlecht", und er hält sich den Bauch. „Ich muß spucken."
Als Mama heimkommt, erschrickt sie. Arno sitzt gekrümmt im Badezimmer und stöhnt. Mama ist sehr aufgeregt.
Sie ruft Papa an. Papa ist nach zehn Minuten da.
„Glaubst du, es ist der Blinddarm?" – „Ich weiß es nicht. Ich fahre mit ihm zu Dr. Haas." – „Ich gehe mit."
Papa trägt Arno die Treppe hinunter. Im Auto hält Mama Arno auf dem Schoß, Papa fährt. Nach drei Stunden sind sie wieder zu Hause. Es ist kein Blinddarm. Auch nichts Schlimmes im Bauch. Es geht Arno schon besser. Die Schmerzen sind weg. Er ist nur sehr matt und sehr blaß.
Papa muß noch einmal ins Büro. „Ruf mich an, wenn es wiederkommt. Ich bin dann gleich da."
An diesem Abend ist Arno wieder sehr traurig.
„Wo ist Papa? Hat er zu essen? Ich will, daß Papa kommt."
Er weint so sehr, daß Mama Papa anruft. Nach einer halben Stunde kommt Papa zurück. Arno ist verheult. Als er Papa sieht, springt er aus dem Bett, geht auf ihn zu und versucht, Papa zu Mama zu schieben. „Arno komm, ich bin doch bei dir." – „Nicht immer! Du sollst bleiben."
Papa ist ratlos. Als Mama die Läden schließt, schreit Arno vor Angst und flüchtet in Mamas Arme. Da will er schlafen, und Papa soll daneben stehen. Nach einer Stunde schläft er ein, und Papa trägt ihn in sein Bett. Dann geht er. Arno träumt von schrecklichen Tieren, die ihn bedrohen, und schreit manchmal.
Als Arno morgens aufwacht, ist Mama bei ihm.
„Wollen wir ein schönes Bettfest machen?" Arno sitzt unten mit Nina, Mama oben. Das Tablett mit dem Frühstück steht zwischen ihnen.
„Weißt du was, Arno, nachher rufst du Papa an und sagst ihm, daß es dir bessergeht, er macht sich sonst Sorgen."
Das nächste Wochenende kommt Papa und holt Arno bei Mama ab. Er geht mit ihm allein, sie besuchen die Ponys. Arno reitet eine ganze Stunde. Auf dem Heimweg kauft ihm Papa einen blauen Anorak. Arno ist überglücklich.
Papa bringt Arno zu sich nach Hause. Das neue Zimmer für Arno ist klein und sehr gemütlich. Arno fühlt sich wohl.

„Papa", sagt Arno, „Gerty ist im Pfadfinderlager, und Nina übernachtet bei Corinna. Was macht Mama?" Aber Papa antwortet nicht.
„Komm", sagt er schließlich, „wir machen ein Badefest." Er bläst große Seifenblasen. Arno quiekt vor Vergnügen. Das Badezimmer schwimmt, aber Papa singt: „Ja, das ist uns ganz egal! Wir wischen das im Nu auf." Als Arno in sein neues Bett steigt, will er unbedingt seinen neuen Anorak über den Schlafanzug ziehen. Er hält Papas Hand und schläft ein.

Gerty und Papa

Mama, Arno, Gerty und Nina haben sich inzwischen besser eingelebt. Papa kommt nicht so regelmäßig wie am Anfang, um die Kinder abzuholen. Als Mama bemerkt: „Ich verstehe nicht, daß Papa so unzuverlässig ist“, unterbricht sie Gerty grob: „Ich will nicht hören, was du über Papa sagst. Ihr sollt nicht schlecht übereinander reden.“
Mama schweigt. „Ich gehe jetzt einfach zu Papa“, verkündet Gerty.
„Bitte melde dich vorher an“, sagt Mama. Aber Gerty nimmt ihr Fahrrad und saust los. Mama beschließt, nachmittags mit den Kindern auf die Pfaueninsel zu gehen und dann mit dem Schiff zurückzufahren. Vorher aber macht sie noch den Haushalt und kauft ein.

Da geht die Haustür. Gerty steht im Flur. Mit großen Augen schaut sie Mama an und geht wortlos in ihr Zimmer. Mama will ihr nach, aber Gerty hat abgeschlossen. Später geht sie ins Bad. Sie hat ihr Nachthemd an. „Ich bin krank", erklärt sie. Mama sagt nichts, macht Tee, stellt Zwieback und Honig dazu, das ißt Gerty besonders gern, klopft an die Tür, die nicht mehr verschlossen ist, und stellt das Tablett hin. „Soll ich die Tür angelehnt lassen?"
„Ja." Gertys Stimme ist tonlos. Sie will nicht auf die Pfaueninsel. Sie will zu Hause bleiben, fernsehen und schlafen. Mama packt den kleinen Rucksack. Die Kinder ziehen sich an. Mama küßt Gerty, aber die schubst sie weg. Sie murmelt nur: „Danke für den Tee und den Zwieback." Die Tür fällt ins Schloß, Gerty ist allein.
Am späten Nachmittag, als Mama mit Arno und Nina wiederkommt, schläft Gerty. Sie hat sich ganz schwarze Augenbrauen und einen knallroten Mund gemalt. Auf dem Kopf hat sie eine rote Schleife. Als Gerty aufwacht, dreht sie sich zur Wand. Arno und Nina johlen. „Schweigt doch!" schreit Mama, „Gerty ist krank."
Beim Abendessen scheint alles wieder in Ordnung. Der Lippenstift ist weggewaschen, die Augenbrauen auch, die Schleife verschwunden. Gerty kommt im Bademantel zu Tisch.
Gerty setzt sich erst spät abends, als Mama noch Briefe schreibt, zu Mama, und nach einer Weile erzählt sie:
„Als ich geklingelt habe, hat mir eine Frau aufgemacht mit einem großen Zopf im Rücken und einer Schleife. Sie hat gefragt, wer ich sei.
Ich wollte Papa sehen, aber sie hat gesagt, daß er schläft und hat die Tür etwas zugehalten. Dann hab ich Papas Stimme gehört: Was ist los? Die Frau ist in die Wohnung gegangen, und Papa ist gekommen, voller Rasierschaum und im Pyjama. Dann hat er gelacht und gesagt: ‚Das ist Anna. Das ist meine Gerty. Komm, frühstücke doch mit uns.' Es war doch schon spät. Dann haben sie gefrühstückt. Ich nicht. Ich hab aus Versehen den Zucker umgeschüttet. Papa hat gelacht. Die Frau hat nichts gesagt. Papa hat die Frau einmal gestreichelt. Mich auch. Dann bin ich gegangen. Papa hat gesagt, ich soll oft zu ihm und Anna kommen. Ich gehe nie mehr!" Gerty sieht ganz finster aus.

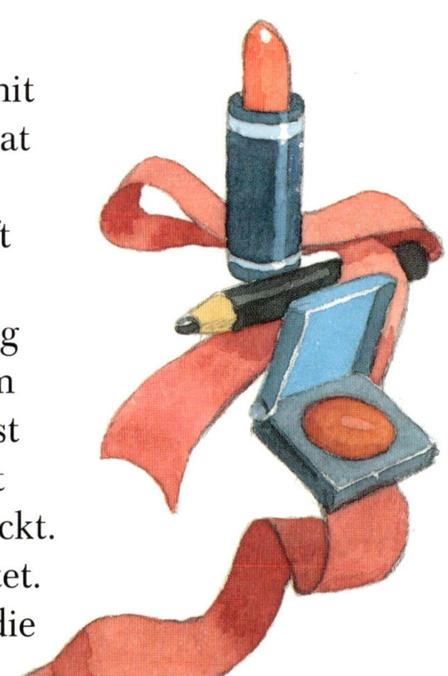

„Wird er die denn heiraten? Wird sie seine Frau, wie du? Sag, Mama!"
„Ich war Papas Frau, aber jetzt sind wir getrennt."
„Du sagst immer ‚getrennt'. Seid ihr denn geschieden?"
„Nein", antwortet Mama, „aber wir werden uns scheiden lassen. Es ist besser, es so zu sehen, wie es ist, als immer zu denken, so soll es nicht sein."
„Wie kannst du das sagen, Mama! Ach, du hast Papa nicht mehr lieb."
„Das ist nicht richtig", antwortet Mama, „ich bin mit ihm verbunden."
„Was heißt denn das?"
„Er ist ein Stück meines Lebens. Aber das Leben geht weiter. Er ist wieder frei, er ist nicht mehr mein Mann, aber er ist euer Vater, und wir beide haben euch sehr lieb."
„Bist du traurig?"
„Traurig, ja. Aber nicht mehr verzweifelt. Ich lebe wieder."
„Wieder?" Gerty ist entgeistert: „Ich habe gar nichts gemerkt."
Sie werden durch Arnos Schreien unterbrochen. „Der träumt wieder. Er will nur in dein Bett", sagt Gerty. Mama steht auf. Sie holt Arno und legt ihn auf ihr Bett: „Nur bis er wieder schläft."

Ich geh nicht in die Schule!

An einem Montag ist Arno nicht zu bremsen. Er saust durch die Wohnung und ist ein Rhinozeros. Aber Mama muß fort. Sie hat eine neue Tätigkeit, wieder eine Halbtagsarbeit, diesmal in einem Töpferladen, der auch Tee verkauft und Gewürze aller Art. Plötzlich legt Arno sich auf den Boden, schaut Mama an und verzieht den Mund: „Wickel mich, sonst geh ich nicht in die Schule."
Mama wird verrückt, sie hat ein hochrotes Gesicht: „Zieh dich sofort an, Arno, mach keine Geschichten, sofort!"
Mama ist sehr aufgebracht. „Wo ist dein Schulranzen, dein Schlüssel? Ich muß fort. Daß du das nicht verstehen willst!"
Und ob er's versteht. Er will nur diese Eile nicht und dieses neue Leben, das er jetzt leben muß.
„Ich geh nicht in die Schule, die langweilt mich!"
„Du gehst", sagt Gerty streng. „Heut nachmittag mach ich Schulaufgaben mit dir. Los, geh!" Ach, denkt Gerty, ich dachte, es geht jetzt endlich besser, und dann ist wieder alles im Eimer. Mama eilt weg. Arno schaut Gerty an und lächelt: „Ich geh schon."
„Alles ist doch nicht im Eimer", sagt sie laut.

Wir waren nie am Meer

Gerty freut sich fast immer auf die Schule. Sie ist eine sehr gute Schülerin, obwohl sie die Jüngste in der Klasse ist. Heute wird sie den letzten Aufsatz zurückbekommen: „Ein Ferientag“. Gerty ist sehr gespannt.
Frau Kniebig hat zu jeder Arbeit etwas zu sagen. Gerty hat einen guten Aufsatz geschrieben über einen Aufenthalt am Meer mit Papa, Mama, Tante Judith und den Geschwistern. Über eine glückliche und erfüllte Zeit. Gerty darf ihn vor der Klasse vorlesen.
Als sie nach Hause geht, kommt ihr Armin hinterher, ein Junge aus ihrer Klasse. Sie mag ihn gern. „War toll, was du geschrieben hast. Wart ihr dieses oder letztes Jahr am Meer?“ Gerty antwortet nicht. „Wo wart ihr denn da? Wir gehen jedes Jahr nach Spiekeroog.“
Sie halten bei einer Bank. „Ich bin müde“, sagt Gerty.
„Ist dir schlecht?“
„Nein. Ich muß dir aber was sagen, Armin, ich war nie am Meer. Wir waren nie zusammen am Meer!“ Armin schaut sie verwundert an. „Das mit der Burg und deinem Vater war fabelhaft“, beginnt er zögernd, „man kann doch ruhig erfinden. Ich erfinde auch Geschichten, abends im Bett, die sind erfunden und doch wahr, wahr für mich.“ Gerty schaut ihn dankbar an.
„Ich bin gleich zu Hause. Ich wohn bei meiner Großmutter.“
„Bei deiner Großmutter?“
„Ja, schon seit drei Jahren. Meine Eltern sind geschieden. Mein Vater ist in Südamerika, und Mama hat ihre Arbeit in Bonn. Sie kommt immer in den Ferien. Wir telefonieren viel. Ich freue mich schon auf Weihnachten.“
„Du, Armin, ich will dir was sagen, aber ich schäme mich: Meine Eltern sind getrennt. Papa wohnt woanders.“
„Aber du kannst ihn sehen! Ich kann nur schreiben. Ich weiß gar nicht mehr, wie mein Vater aussieht. Vielleicht ist er der Weihnachtsmann.“
„Warum sagst du das?“
„Weil an Weihnachten immer ein großes Paket von ihm kommt, und dann ist wieder Sense. Aber warum schämst du dich denn, Gerty?“
„Daß meine Eltern so was tun können.“

„Du, die Eltern von Susi Kuhn sind auch geschieden. Sie wohnt bei ihrem Vater, und ihre Mutter hat einen anderen Mann geheiratet, die haben sogar neue Kinder." Ob ich auch einmal andere Geschwister bekomme? fragt sich Gerty. „So, hier bin ich. Soll ich dich mal besuchen? Wir können ja Schularbeiten zusammen machen und dann spielen. Willst du? Ich möchte gern!"
„Ich auch, Armin!" – „Also, tschüs, dein Aufsatz ist toll."

„Mama, ich hatte den besten Aufsatz. Ich durfte ihn vorlesen."
„Wie schön, hast du ihn mit? Ich würde ihn so gern lesen." Gerty erschrickt: „Nein", stammelt sie und lügt. „Wir bekommen die Klassenarbeiten nicht nach Hause mit." Aber Mama fragt nicht länger, Gerty atmet erleichtert auf. Es ist doch alles nicht wahr, denkt sie. Aber den besten Aufsatz habe ich doch!

Euer Vater macht ja schöne Sachen

Morgen kommt Tante Marie, das ist Großmutters Schwester. Die Kinder fürchten sich etwas vor ihr, weil sie immer so bollert und Zigarren raucht. „Seid freundlich zu ihr", bittet Mama.

Es gibt Kuchen, Mama hat schön gedeckt. Nachdem Tante Marie die Kinder, einen nach dem anderen gründlich nach ihren Schulerfolgen abgefragt hat, sagt sie plötzlich: „Na, euer Vater macht ja schöne Sachen!"

„Tante Marie", sagt Mama beschwörend, „es geht alles gut, die Kinder sehen ihn regelmäßig."

„Ich werde doch noch sagen können, was ich denke…"

„Ich möchte lieber nicht wissen, was du über unseren Vater denkst", sagt Gerty laut. Tante Marie ist sprachlos: „So erziehst du die Kinder, Marion!" sagt sie zu Mama. Es tritt eine unangenehme Stille ein.

„Willst du nachher mit uns spielen, Tante Marie?" fragt Nina. Tante Marie spielt sehr gern und gewinnt noch lieber. Gerty fühlt sich wie nach einer gewonnenen Wette, zufrieden, aber auch aufgeregt. Komisch, denkt Gerty, wenn andere etwas über die Eltern sagen, ertrage ich es nicht; dabei denke ich selbst manchmal ganz schreckliche Sachen.

Den Tannenbaum besorgen wir

Nina hat sich mit Sandra aus ihrer Klasse angefreundet. Das ist ganz plötzlich gekommen. Sandra hat erzählt, daß sie bei ihrem Papa und seiner Frau lebt. Ihre Mama wohnt in einer anderen Stadt. Sandra darf an Weihnachten zu ihr fahren. Nina hat auch von Papa erzählt. Sie hat aber nicht gesagt, daß sie schuld an der Trennung ist. Sonst müßte ja Sandra auch schuld sein. Sie sitzen in der Pause eng beieinander und tauschen ihre Brote.

„Wo feierst du Weihnachten?" fragt Sandra.

Nina ist ganz verblüfft: „Zu Hause!"

„Ja, aber bei wem?" Nina schweigt. Bei wem? In vierzehn Tagen ist doch Weihnachten. „Ich weiß es nicht", sagt Nina.

Sie feiern den zweiten Advent. Mama hat einen guten Tee gemacht. Es gibt Schneckenkuchen. Seit heute morgen schneit es. Ach, der Schnee bleibt wirklich liegen!

„Morgen können wir den Tannenbaum kaufen", schlägt Mama vor.

„Den besorgt doch Papa", sagt Nina.

„Nein, den besorgen wir."

„Einen großen?"

„Nein, keinen ganz großen, das ist zu teuer."

„Zu teuer für Weihnachten?"

„Wir finden einen schönen Baum!" entscheidet Mama, „und diesmal werden wir ihn gemeinsam schmücken."

„Dann ist es keine Überraschung mehr!“ sagt Nina. „Und wer macht den Ständer an den Baum?“

„Vielleicht Frau Lehmann, bei der wir den Baum kaufen. Sonst macht es Herr Ziegler“, sagt Mama.

„Wer ist das?“

„Der Mann, der den Tee einkauft im Geschäft. Er ist immer sehr freundlich und hilfsbereit.“

„Hoffentlich macht’s Frau Lehmann“, seufzt Gerty. Mama räumt ab, und alle schneiden Figuren aus Metallfolie und befestigen Fäden zum Aufhängen. „Die kommen alle an den Tannenbaum!“ Arno ist begeistert. „Ich lese euch noch etwas vor“, sagt Mama. Draußen schneit es weiter. Arno hört mit halbem Ohr zu. Er träumt: Wie gut, daß Mama ihn hat. Er beschützt sie. Er hat sie ja immer beschützen wollen. Eigentlich wollte er Mama allein für sich haben. Aber jetzt ist Papa weg. Ach, wenn es doch klingeln würde und Papa käme. Quatsch, er hat doch einen Schlüssel. Vielleicht hat er keinen Schlüssel mehr? Papa kommt und bleibt wieder bei uns…

Am nächsten Tag kaufen sie ihren Weihnachtsbaum. Frau Lehmann hat viel zu tun, aber der Ständer sitzt am Stamm. Der Tannenbaum wird auf den Schlitten gepackt. Arno zieht mit seiner ganzen Kraft. Er fühlt sich so stark wie Papa.

„Du bist mein Ritter“, sagt Mama. Wie hübsch sie aussieht, denkt Arno. „Ich heirate dich, Mama“, flüstert er. „Besser nicht“, antwortet Mama, „so eine Alte ist nichts für einen hübschen Ritter.“

Am Samstag backen Mama und die Kinder Plätzchen. Plötzlich sagt Nina: „Können wir noch einen Teller mit Sternen füllen? Ich mach ein großes Herz und schreibe mit Zucker ‚Papa‘ drauf und bring es ihm und noch was dazu.“

„Das ist eine gute Idee“, sagt Mama nach einer Weile, „wir backen was für Papa und packen es schön ein. Das ist euer Weihnachtsgeschenk.“

„Ich geb ihm noch einen Bügel, den hab ich geschnitzt“, sagt Gerty. „Ich schenke ihm ein Pixi-Buch“, sagt Arno, „ich habe so viele.“ Nina sagt nichts. Sie bringt ein kleines Schwein. Das hat sie auf dem Weihnachtsmarkt von ihrem Geld gekauft, weil es ihr so gut gefiel. „Das paßt zu Papas Spielsachen“, findet sie.

Papa, wo ist der Tannenbaum?

Zwei Tage vor Weihnachten gehen die Kinder zu einem Weihnachtsfondue-Essen zu Papa. Sie können es kaum erwarten. Sie sind schon den ganzen Tag zappelig und streiten sich. Gerty und Mama geraten sich in die Haare, weil Gerty darauf besteht, in einer Wildwest-Aufmachung zu Papa zu gehen. Arno will gar nichts. Er hängt herum. Nina ist die einzige, die das Samtkleid anziehen will, weil es Papa so gern hat. Sie will ihm gefallen. Papa erwartet die Kinder schon auf der Treppe. Er freut sich. Wie zärtlich Papa ist. Papa hat die ganze Wohnung mit Tannen und Kerzen geschmückt. Auf dem Tisch liegen Mistelzweige und kleine durchsichtige Glaskugeln. Es sieht festlich aus, aber einen Tannenbaum gibt es nicht. Nina sagt vorsichtig:
„Wo ist der Tannenbaum?"
„Ich hab ihn auf die ganze Wohnung verteilt", antwortet Papa, „gefällt es euch?" Die Kinder antworten eifrig: „Ja, ja!" Aber Nina denkt in ihrem Herzen: Ich möcht richtig Weihnachten haben, mit einem richtigen Baum wie immer. Papa zündet alle Kerzen an und sagt: „Ich lese euch jetzt eine Geschichte vor, von einem chilenischen Mädchen, das Maria heißt." „Keine Angst, Maria" steht auf dem Buch. Gerty bekommt leuchtende Augen, als Papa liest. Sie schluckt ihre Tränen hinunter, als Maria ihren toten Bruder in der Hütte findet…
„Wann gibt es denn das Fondue?" fragt Arno. Papa ist ärgerlich: „Hör doch wenigstens das Ende der Geschichte."
Als Papa aufhört zu lesen, bleibt Gerty noch sitzen. Sie fühlt sich eins mit Papa. Er liest so schön vor. Lieber Papa! Es wird ein lustiges Essen. Fleisch zu braten bei Tisch macht einfach Spaß! Papa fragt nach der Schule, den Freunden, aber die Unterhaltung stockt allmählich.
„Warum fragst du denn nicht nach Mama?" sagt Arno.
„Wie geht es Mama?" fragt Papa höflich. „Sagt ihr viele Grüße. Ich habe ein Päckchen für sie. Nehmt ihr es mit? Eure Geschenke habe ich in einen Korb gepackt, die legt ihr unter den Tannenbaum."
Nina denkt, Papa ist süß, und Gerty schließt die Augen. Sie träumt: Die Eltern sind hier mit allen Kindern.
Nichts hat sich verändert.

In diesem Augenblick klingelt es, gleichzeitig dreht sich ein Schlüssel in der Wohnungstür, und eine junge Frau tritt in den Flur und ruft „Hallo!“
„Hallo!“ antwortet Papa, „komm herein, Anna!“
„Ja, sofort. Ich leg nur die Sachen in die Küche.“ Anna gibt jedem die Hand. Sie ist die große schlanke Frau mit den braunen Augen und dem dicken Zopf im Rücken, die Papa beim Einzug geholfen hat. Sie trägt eine weiße Bluse mit weiten Ärmeln, einen Faltenrock und Stiefel aus weichem, dunkelrotem Leder, genau solche Stiefel, für die Gerty schwärmt. „Du kommst gerade richtig zum Eisessen“, sagt Papa. „Setz dich zu uns. Arno, hol mal einen Stuhl.“ Aber Arno rührt sich nicht. „Arno, bitte, hol einen Stuhl von nebenan!“ Arno verdreht die Augen, spielt Clown, fällt so komisch vom Stuhl, daß die andern lachen müssen.

„Hast du für Papa eingekauft?" „Ja", sagt Anna, „für Papa und für mich." – „Wohnst du jetzt hier?"
„Manchmal, jetzt bleib ich über die Feiertage." Papa gibt das Eis aus. „Das ist zuviel", sagt Nina, „soviel kann ich nicht auf einmal essen." Dabei ißt Nina leidenschaftlich gern Eis.
„Wollen wir nachher Malefiz spielen oder Memory?"
„Beides!" – „Also beides, zuerst Memory!"
Anna gewinnt. „Sie sind die erste Erwachsene, die besser spielt als Kinder", sagt Gerty. „War immer so", meint Anna, „ich hab mit zwölf Jahren angefangen, jetzt bin ich siebenundzwanzig. Immerhin fünfzehn Jahre Praxis. Du kannst ruhig du zu mir sagen." Nach Memory haben sie Malefiz gespielt und sich gezankt, aber Anna hat es fertiggebracht, daß keine Mißstimmung aufgekommen ist. Gerty findet Anna eigentlich ganz nett, gleichzeitig aber will sie sie nicht nett finden. Sie sagt ihr beim Abschied steif auf Wiedersehen.
Papa fährt die Kinder nach Hause. Anna ist in der Wohnung geblieben, um aufzuräumen. Als sie vor der Haustür ankommen, gibt Papa Gerty das Päckchen für Mama. „Was ist es denn?" will Gerty wissen.
„Mamas Lieblingsbriefpapier, das blaue. Danke, daß ihr mich besucht habt. Danke!" Papa fährt erst ab, als sich die Haustür hinter den Kindern schließt.

Das ist von Papa für dich

Mama sitzt vor dem Fenster, als die Kinder ins Zimmer rennen, um sie zu küssen und zu erzählen. Aber Mama ist seltsam kühl. Sie hört zu, lacht aber kein einziges Mal. Von Anna sagt zunächst keines der Kinder etwas. Dann holt Gerty das Paket mit dem Briefpapier und gibt es Mama. „Das ist von Papa für dich." Mama nimmt es Gerty nicht ab. Sie legt es auf den Tisch, dreht sich um und murmelt verzweifelt vor sich hin: „Nein, das ist zuviel." Die Kinder sind so betroffen, daß sie schweigen. „Mach's doch auf." Aber Mama macht das Päckchen nicht auf. Da sagt Gerty böse: „Übrigens war auch noch die Anna da, und die war lustig, sehr lustig." Mama hat sich wieder in der Gewalt. „Ich habe eine Überraschung für euch", sagt sie, „ratet mal, wer morgen nacht kommt?"
Die Kinder denken nach. „Oh, Mama", ruft plötzlich Gerty, „ich weiß: Judith!"
„Ja, Judith kommt." Sie ist Mamas beste Freundin und war mit Mama in der Schule. Judith kann alles: Singen, Klavierspielen, Zaubern und Dichten. Erzählen kann sie stundenlang. Die Kinder vergöttern sie. „Ach, Mama, ist das herrlich!" Jetzt wird es ein schönes Fest, denkt Gerty.
Am 23. Dezember schmücken die Kinder zum ersten Mal ihren Baum selbst. „Seht mal, was wir alles haben!" sagt Gerty. „Am liebsten mag ich die kleinen Holztiere, das Nilpferd, die Ente und den Pfau."
„Die sind noch aus meiner Kindheit und diese schönen Glaskugeln auch", sagt Mama und läßt im gleichen Augenblick eine fallen, die in tausend Stücke zersplittert.
„Scherben bringen Glück", sagt sie nach einer Weile.
„Glück?" – „Ja, Glück, so sagt man doch? Mach dir nichts draus."
Die Krippe stellt Mama allein auf, als die Kinder schlafen.

Weihnachten, ein wunderbares Fest

Am 24. Dezember gibt es ein wunderbares Weihnachtsfest. Die Kinder stehen staunend vor ihrem Tannenbaum. „Der ist wirklich schön!“ Mama liest die Weihnachtsgeschichte, dann spielt Judith Weihnachtslieder, und alle singen mit. Mama singt zuerst nicht, aber nach einer Weile hören die Kinder ihre Stimme.

Gerty findet auf ihrem Tisch die begehrten roten Stiefel. „Oh, Mama, woher wußtest du das?“ Aber sie kann gar nicht zu Ende sprechen. Stürmisch umarmt sie Mama und zieht die Stiefel sofort an. Arno hat einen Baukasten bekommen und ist schon eifrig dabei, ein Schloß zu bauen. Nina findet auf ihrem Tisch eine Babypuppe mit einer herrlichen Ausstattung: Windeln, Strampelhosen, Jäckchen, Hemdchen und zwei Flaschen mit Schnuller, alles in einem Köfferchen. Papa hat für alle Kinder schöne Bücher ausgesucht.

Mama hat die alte Puppenküche und das Puppenhaus aus ihrer Kindheit aufgebaut. Der Herd wird mit Esbit gewärmt, und alle trinken einen herrlich-scheußlichen Tee, den Nina aufgegossen hat und in Puppentassen serviert. Danach gibt es Reis und Hühnerfrikassee und zum Nachtisch Vanillecreme mit Eierschnee-Inseln. Mama hat wie für eine ganz feine Einladung gedeckt. Viel schöner als für Tante Marie. Jedes Kind hat einen eigenen Plätzchenteller, den Mama wieder auffüllt, wenn er leer ist. Heute dürfen alle aufbleiben, solange sie wollen.

Um zehn Uhr klingelt das Telefon. Gerty ist flinker als Mama, denn sie denkt, es könnte Papa sein. „Hallo!“ Ihr Gesicht wird ernst, „einen Augenblick. Es ist für dich, ein Herr!“ Mama nimmt den Hörer und lacht: „Ach, wie nett. Ich freue mich, danke. Nein. Doch sehr. Also um halb acht, ja gut! Auf Wiedersehen, Hans.“ Sie hängt auf. Die Kinder schauen sie an. „Wer ist Hans?“

„Ein Freund.“

„Kennst du ihn schon lange?“

„Ziemlich lange!“

„Findest du ihn nett?“

„Sehr nett!“ Mama lächelt. „Judith, es ist Hans Bender. Erinnerst du dich? Er wohnt jetzt hier.“

Arno hat sich auf den Boden gelegt und träumt, manchmal

ißt er eines von seinen Plätzchen. Gerty hat die Bücher von Papa um sich liegen und gleich angefangen zu lesen. Nina ist vom Puppenhaus nicht wegzubekommen. „In dem großen Bett schlafen jetzt zwei Puppen: Das ist eine Mama und das ist ein Papa“, verkündet Nina. „Daneben ist ihr Kind in der Wiege. Ich mache denen jetzt was zu essen.“ Mama unterhält sich mit Judith, sie lachen leise. Gerty denkt plötzlich: „So sollte es bleiben.“

Mama geht in die Oper

Ein paar Tage später geht Mama in die Oper. „Du gehst immer weg", sagt Arno.
„Das stimmt nicht, aber heute gehe ich in die Oper."
„Wie lange dauert die Oper?"
„Bis zehn Uhr."
„Kommst du dann gleich?"
„Nein, nicht gleich." – „Warum nicht?"
„Ich bin noch zum Essen eingeladen. Aber keine Sorge, Judith ist ja hier! Ihr werdet mich nicht vermissen."
„Wir haben keine Sorge", sagt Gerty, „geh nur in deine Oper, und schöne Grüße an Hans."
„An Hans?" fragt Mama erstaunt.
„Ja, an Hans!"
Als Arno und Nina im Bett liegen, setzt sich Gerty zu Judith, und sie erzählen. „Ich mag deine Eltern sehr gern", sagt Judith. „Nächste Woche besuche ich Papa. Weißt du, daß meine Eltern auch getrennt waren? Ich war etwa so alt wie du, als meine Mutter meinen Vater verlassen hat. Ich dachte damals, ich müßte vor Kummer sterben, aber ich starb nicht. Sie hatten mich beide lieb und versuchten, mich glücklich zu machen. Menschen, die sich nicht mehr lieben, wollen sich oft verletzen, sich weh tun, weil sie selbst unglücklich sind. Das kann man als Kind nicht verstehen. Versuche, sie beide lieb zu haben, auch wenn sie dir manchmal auf den Wecker fallen. Sie lieben dich auch. Schau mal, was ich dir mitgebracht habe. Ich wollte es nicht unter den Tannenbaum legen." Judith gibt Gerty ein dickes, rot eingebundenes Buch mit einem kleinen Schloß und einem Schlüssel.
Ein Tagebuch.
„In deinem Alter habe ich meines angefangen. Es hat mir sehr geholfen. Ich führe es heute noch." Gerty kann vor Freude gar nichts sagen. Stürmisch umarmt sie Judith.
Sie wollte wach bleiben, bis Mama zurückkommt, um zu sehen, wie lange Mama ausgeht. Aber sie ist eingeschlafen, mit dem Tagebuch im Arm.

Nichts ist mehr wie früher

Am nächsten Morgen steht Mama etwas später auf. Gerty und Nina decken den Tisch und richten das Frühstück. Sie haben ja schließlich Ferien. Gerty sagt laut: „Heute muß niemand was! Heute ist kein Streß. Heute geht Mama nicht arbeiten." Die Kinder haben Ferien, aber Mama muß zwischen den Feiertagen doch ein paar Stunden arbeiten. Judith begleitet sie. Als Mama fort ist, ruft Gerty Papa an:

„Was ist los, Gerty?"

„Du könntest auch mal auf Arno und Nina aufpassen. Ist doch nicht nur meine Sache!"

„Ich kann heute nicht", sagt Papa. „Wo ist Mama?"

„Mama arbeitet."

„Anna arbeitet auch." Gerty ist sicher, daß Papa ihr helfen könnte. Anna ist an allem schuld. Natürlich! Es tut gut, zu denken, daß einer wirklich an allem schuld ist. Aber auch das ist keine Lösung. Nichts ist mehr wie früher. So spielen wie Arno und Nina kann Gerty nicht mehr, und erwachsen ist sie auch nicht. Sie will es auch gar nicht sein.
Arno und Nina sind laut. Das Telefon klingelt. „Seid doch ruhig, ihr Bande, ich höre nichts!" schreit sie.

„Hallo, hallo! Ach, du bist es, Armin!"

„Ja, toll, ja gleich, doch, doch, komm gleich!" Gerty räumt auf, ganz schnell. Sie setzt Wasser für Tee auf, holt Tassen, stellt sie auf den Tisch mit ihrem Plätzchenteller.
Es klingelt, Armin steht vor der Tür. Die Bande ist still.

„Servus, komm herein!" sagt Gerty.

1 2 3 93 92 91

Redaktion: Gisela Stottele
Printed in Italy
ISBN 3-473-33507-X